AF356431

25 Mars 1912

VENTE

DE

TABLEAUX

MINIATURES, OBJETS DE VITRINE

FAIENCES, PORCELAINES

BIJOUX ANCIENS

BRONZES, SCULPTURE

BUSTE DE CHINARD

MEUBLES ANCIENS

OU DE STYLE

SIÈGES

BRODERIES, TENTURES, TAPIS D'ORIENT

TAPISSERIE-VERDURE

HOTEL DROUOT, SALLE N° 11

Le Lundi 25 Mars 1912, à 2 heures

Mᵉ E. FOURNIER	**M. R. BLÉE**
COMMISSAIRE-PRISEUR	EXPERT
29, rue de Maubeuge, 29	53, rue de Châteaudun

EXPOSITION PUBLIQUE

Le Dimanche 24 Mars 1912, de 2 heures à 6 heures

CONDITIONS DE LA VENTE

Elle sera faite au comptant.

Les adjudicataires paieront *dix pour cent* en sus des enchères.

L'exposition mettant le public à même de se rendre compte de l'état et de la nature des objets, aucune réclamation ne sera admise une fois l'adjudication prononcée.

Paris. — Imp. de l'Art. Ch. Bergbr, 41, rue de la Victoire.

DÉSIGNATION

TABLEAUX

1 — Buste d'homme. Lithographie de G. Penez.

2 — École française (XIXe siècle). Bacchanale d'amours. Petit panneau.

3 — École française (XIXe siècle). L'Aubade imprévue.

4 — École française (XIXe siècle). L'Enlèvement.

5 — École flamande. Prédication de saint Jean-Baptiste. Panneau.

6 — École flamande. Scène de cabaret. Panneau.

7 — École italienne (XVIIe siècle). Deux paysages avec rochers et ruines. Panneaux ovales,

8 — Dumont (A.). Portrait de femme en robe noire décolletée. Toile signée et datée : *1839*.

MINIATURES

9 — Portrait de femme. Miniature rectangulaire.

10 — Portrait d'homme. Miniature ronde, 1830.

11 — Portrait de femme, le sein découvert. Miniature ovale.

12 — Portrait d'homme.

FAIENCE, PORCELAINE
BIJOUX ANCIENS

13 à 16 — Sous ce numéro : Assiettes diverses, plats en faïence de Delft, Moustiers, Rouen. (Sera divisé.)

17 — Jardinière et plateau en faïence décorée.

18 — Écuelle en étain. XVIIIe siècle.

19 — Deux bouquetières en ancienne faïence d'Allemagne.

20 à 22 — Trois plats en ancienne faïence de Delft polychrome.

23 — Service à café en porcelaine de Limoges.

24 — Onze verres en cristal teinté vert.

25 — Sous ce numéro: objets de vitrine en porcelaine, faïence, etc.

26 — Deux statuettes de jardinier et jardinière.
Ancienne porcelaine de Saxe.

27 — Groupe formé d'une jeune femme assise et
d'un chien sautant après elle. Ancienne porcelaine de Vienne.

28 — Deux verres à liqueurs ornés de figures de
femmes en émail et un petit plateau en
argent.

29 — Petite lampe, forme romaine, en argent.

3o — Sonnette, plaque en cuivre et petite bou-
teille en céladon.

31 — Nécessaire de toilette garni d'argent.

32 — Carafon et six verres à liqueurs en cristal ;
monture en vermeil.

33 — Flacon, boîte en forme de livre, étui porte-
mine en argent gravé.

34 — Boucle en argent pavé de strass. Style
Louis XVI.

35 — Bague en argent, ornée d'un sujet paysage
sur fond de nacre. Époque Louis XVI.

36 — Pendentif-cassolette à parfum en argent
doré émaillé de rouge, à réserves à petits
personnages.

37 — Pendentif en or émaillé et orné de pierres
de couleur ; il est orné, au centre, d'une petite
Vierge également en or émaillé. Style Renaissance.

38 — Pendentif en argent doré émaillé, formé
d'un cygne supportant un amour. Style
Renaissance.

39 — Petit œuf en émail de Saxe, décor de fleurs
sur fond blanc ; monture en argent doré.
xviiie siècle.

40 — Croix en argent et or pavé de roses. Travail espagnol du xviie siècle.

41 — Croix en argent et or pavée de roses. xviiie
siècle.

42 — Médaillon en or ciselé. xviie siècle.

43 — Jolie broche en forme de nœud et pende-
loque en argent et or, pavée de roses et ornée
de deux topazes roses. xviiie siècle.

44 — Petit étui en or ciselé.

45 — Petite glace rectangulaire ; cadre à perles.
Époque Louis XVI.

45 *bis* — Montre en or à répétition et à musique.
Boîtier guilloché figurant les rayons du
soleil. Commencement du xixe siècle.

BRONZES

46 — Suspension à gaz en cuivre poli.

47 — Lanterne d'antichambre en cuivre poli.

48 — Petit paravent à huit feuilles en marbre
peint, orné de figures, pagodes, etc. ; monture en bois dur. Travail chinois.

49 — Pot à couvercle et à une anse fixe en bronze
décoré d'émaux cloisonnés.

50 — Brûle-parfum formé d'un faisan en bronze
décoré d'émaux cloisonnés aux ailes et à la
queue.

51 — Statuette de Bouddha, assis, partiellement doré.

52 — Bouilloire à quatre pieds en bronze ciselé, décorée d'émaux cloisonnés.

53 — Lion guettant sur un rocher, bronze, signé : *Alba*.

54 — Chien à l'arrêt, bronze à patine verte, de *Delabrière*.

55 — Éléphant, bronze patine verte, de *Krakovik*.

56 — Groupe en bronze émaillé, représentant un personnage sur un crapaud. Travail chinois.

57 — Brûle-parfum à quatre pieds, à pans coupés, couvercle surmonté d'une chimère. Bronze chinois.

58 — Deux vases en bronze, à décor gravé appliqué d'argent. Travail chinois.

59 — Pendule en bronze ciselé et doré, représentant une statuette de nègre appuyé sur un ballot. Epoque Empire.

60 — Statuette d'homme accroupi, servant de porte-fleurs.

61 — Galerie de foyer en cuivre. Style Louis XVI.

62-63 — Grand plafonnier et deux petits en bronze et perles de cristal. Style Louis XVI.

64 — Pendule en bronze ciselé et doré, représentant un char conduit par un amour ; la base est ornée d'un bas-relief représentant le char d'Apollon. Commencement du XIXe siècle.

65 — Pendule en bronze ciselé et doré, ornée d'une figurine de femme tenant une guirlande de fleurs. Epoque Empire.

SCULPTURE

66 — Sculpture en marbre : Tête de jeune femme.

67 — Statuette de femme tenant un miroir.

68 — CHINARD. Buste de jeune femme décolletée. Terre cuite naturelle. (*Provient de la vente Penha-Longa, 1911.*)

MEUBLES

69 — Petite table guéridon en acajou et cuivre ;
dessus marbre. Style Louis XV.

70 — Petit bahut normand en noyer sculpté,
ouvrant à une porte. Époque Louis XV.

71 — Console en bois sculpté, peint en blanc,
rehaussé d'or ; marbre brèche. Époque
Louis XV.

72 — Armoire normande à deux portes en chêne
mouluré.

73 — Coffre en chêne, avec serrure en fer forgé.
xviiᵉ siècle.

74 — Armoire à glace à trois portes, en acajou
et moulures de cuivre, ornements en bronze
ciselé et doré. Style Louis XVI.

75 — Lit de milieu en acajou et moulures de
cuivre. Style Louis XVI.

76 — Armoire hollandaise à deux portes en bois
chêne, bois noir, etc., à grosses moulures.
xviiᵉ siècle.

77 — Commode en bois de rose, poignée et
entrées de serrures en bronze ; dessus en
marbre. Époque Louis XVI.

78 — Chiffonnier semainier en bois de rose.
Style Louis XVI.

79 — Encoignure en bois de placage. Époque
Louis XVI.

80 — Coiffeuse en bois de rose. Époque
Louis XVI.

SIÈGES

81 — Canapé en bois sculpté et noirci, de style
Louis XIV, recouvert d'imitation de tapisserie.

82 — Deux fauteuils analogues au précédent
numéro.

83 à 86 — Deux fauteuils et trois chaises paillées.
XVIIIe siècle.

87 — Ameublement de salon en bois sculpté et
doré, recouvert de tissu imitation de tapisserie. Style Louis XVI.

DENTELLE, BRODERIES
CHALES, TAPIS D'ORIENT
TAPISSERIE

88 — Pointe en dentelle noire de Chantilly.

89 — Châle de l'Inde à riche décor de palmes, etc.

90 — Châle en crêpe de Chine crème, brodé de fleurs et bordé d'effilés.

91 — Panneau de broderie japonaise, représentant les dragons.

92 — Robe chinoise en satin rouge brodé de fleurs.

93 — Robe chinoise en satin bleu pâle brodé de fleurs.

94 — Deux rideaux en drap rouge et toile de Perse.

95 — Trois tapis de velours, décor d'architecture.

96 — Dessus de coussin en broderie découpé et ajouré.

97 — Sous ce numéro : broderies orientales et autres. (Seront divisées.)

98-102 — Sous ce numéro : lot d'étoffes diverses. (Sera divisé.)

103-105 — Sous ce numéro : châles des Indes et autres. (Sera divisé.)

106 — Couvre-lit en filet fin, à dessin de personnages, chimères et animaux.

107 — Autre couvre-lit en broderie ajourée.

108 — Sous ce numéro : Bandeaux de filets divers. (Sera divisé.)

109 — Tapis d'Orient Hamadan sur fond bleu.

110 — Beau tapis de prière d'Orient, à fond gros bleu velouté.

111 — Grand tapis chemin Ferahan polychrome.

112 — Carpette en tapis d'Orient.

113 — Tapis double face à médaillon et angles.

114 — Autre tapis Feharan sur fond gros bleu.

115 — Tapis galerie d'Orient.

116 — Tapis de prière oriental.

117 — Autre tapis de prière oriental.

118 — Garniture pour canapé et six fauteuils en tapisserie de Neuilly.

119 — Tapisserie-verdure à haute futaie, bordure sur les quatre côtés. XVIIe siècle.

120 — Objets divers.

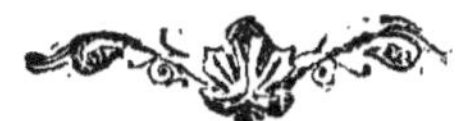